CAMBIOS INCREÍBLES EN LA TIERRA

FÓSILES Y PLANTAS ANTIGUAS

De Kelli Hicks

Traducción de Santiago Ochoa

Un libro de El Semillero de Crabtree

CRABTREE
Publishing Company
www.crabtreebooks.com

Paleontología: El estudio de la vida antigua a partir de los fósiles.

Índice

Tiempo atrás

Imagina una época en la que los dinosaurios vagaban por la Tierra.

¿Puedes ver al apatosaurus de cuello largo? Se alimentaba de antiguos helechos y otras plantas.

El ceratosaurus *se alimentaba de carne.*

¿Cómo sabemos de estos animales? Lo sabemos por el hallazgo de **fósiles**.

Los fósiles nos dan información sobre animales que vivieron hace millones de años. Los **paleontólogos** estudian los fósiles para conocer la historia de los **organismos** vivos y extintos.

Los fósiles corporales son partes del organismo, como huesos o dientes. Las **huellas** dejadas en la roca se denominan rastros fósiles.

Buscar en las capas

Los fósiles se forman de diferentes maneras. Cuando un animal en la naturaleza muere, el cuerpo del animal comienza a **descomponerse**.

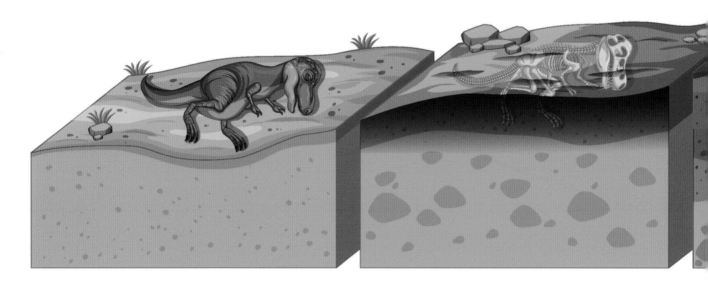

Las partes blandas del organismo se pudren y se disuelven en el suelo.

Con el tiempo, los músculos y tejidos se descomponen y quedan enterrados bajo capas de tierra, llamadas **sedimentos**.

Pistas fósiles

Los huesos dan pistas sobre el tamaño de un animal antiguo.

Las partes más duras, como los huesos y los dientes, se quedan en el sedimento y se forma el fósil.

9

Algunos animales dejan huellas en materiales blandos, como el barro. Con el tiempo, el barro húmedo se seca y se endurece hasta convertirse en roca.

Los científicos han encontrado fósiles formados a partir de huellas de dinosaurios dejadas en el barro hace millones de años.

Pistas fósiles

Las huellas de los dinosaurios proporcionan información sobre la velocidad a la que se movía el dinosaurio, su tamaño, si tenía dos o cuatro patas y si se desplazaba en grupos.

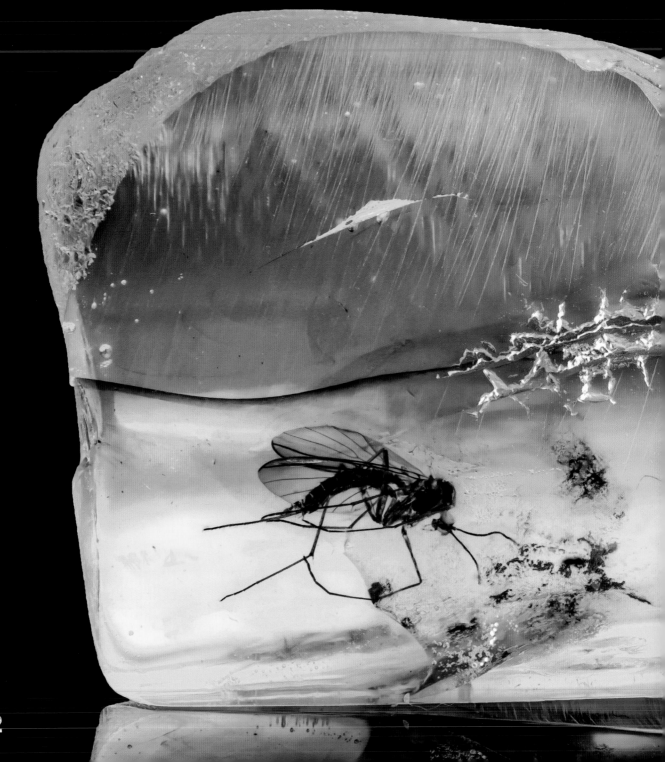

¡Atrapado!

A veces, un pequeño insecto queda atrapado en una sustancia pegajosa llamada **resina**. Cuando la resina se endurece y se convierte en ámbar, el insecto que está dentro del ámbar se conserva.

Plantas conservadas

Los animales no son los únicos seres vivos que pueden dejar una huella como fósil. Las plantas y los pedazos de plantas también pueden fosilizarse.

Hay plantas antiguas, como el pino wollemi, que los científicos pueden rastrear hasta la época de los dinosaurios.

Los registros fósiles muestran que el pino wollemi es una de las plantas más antiguas del mundo.

Al igual que los dinosaurios, muchas especies de plantas se **extinguieron**. Sorprendentemente, algunas plantas antiguas sobrevivieron. Los científicos descubrieron que el ginkgo es una de las especies de árboles más antiguas del mundo.

Un ampelosaurus *caminando entre árboles de ginkgo.*

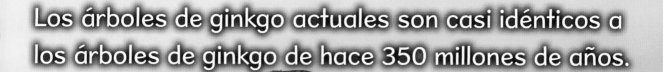

Los árboles de ginkgo actuales son casi idénticos a los árboles de ginkgo de hace 350 millones de años.

Como apenas ha cambiado, los científicos llaman al ginkgo un «fósil viviente».

La madera **petrificada** es un fósil. Se forma cuando el material vegetal o un árbol caído queda enterrado bajo capas de sedimentos.

Los visitantes pueden ver los muchos colores de la madera petrificada en el Parque Nacional del Bosque Petrificado de Arizona.

El agua subterránea, rica en minerales, fluye hacia el sedimento y sustituye el material vegetal original por una sustancia dura llamada **sílice**.

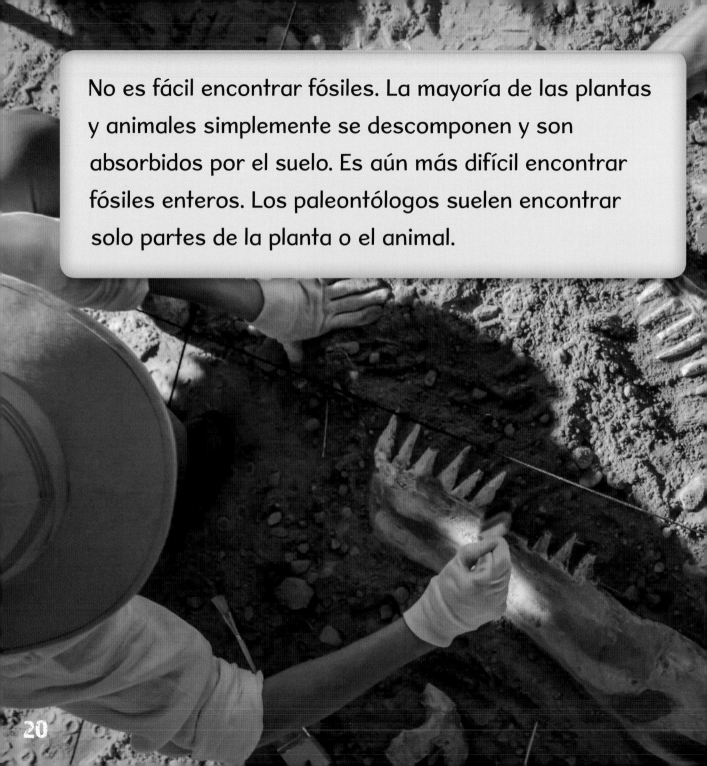

No es fácil encontrar fósiles. La mayoría de las plantas y animales simplemente se descomponen y son absorbidos por el suelo. Es aún más difícil encontrar fósiles enteros. Los paleontólogos suelen encontrar solo partes de la planta o el animal.

Pistas fósiles

Los científicos pueden aprender sobre los dinosaurios estudiando los excrementos fosilizados, llamados coprolitos. Pueden descubrir si el dinosaurio era carnívoro o herbívoro.

¿CONOCES ESTOS DATOS SOBRE LOS FÓSILES?

1. ¿Cómo se forman los fósiles?

a. El material vegetal o animal se queda en las capas de sedimento.

b. El material vegetal o animal se descompone.

c. El agua en movimiento mueve el material vegetal o animal hacia el río.

2. ¿Qué es un «fósil viviente»?

a. Un animal que vive en la resina.

b. Una planta o animal que ha cambiado poco a lo largo del tiempo.

c. Una planta o animal que se ha extinguido.

3. ¿Qué se forma cuando un árbol caído queda enterrado bajo capas de sedimentos, luego se cubre de agua rica en minerales y se endurece hasta convertirse en sílice?

a. La madera petrificada.

b. Un fósil viviente.

c. La resina.

Respuestas:

1. a

2. b

3. a

Glosario

descomponerse: Pudrirse.

fósiles: Los restos o huellas de un animal o planta de hace millones de años, conservados en las rocas.

huellas: Marcas hechas al presionar sobre una superficie.

organismos: Plantas o animales vivos.

paleontólogos: Científicos que estudian los fósiles y otras formas de vida antiguas.

petrificada: Que se ha transformado lentamente en piedra o en una sustancia pétrea durante un largo periodo de tiempo.

resina: Sustancia pegajosa de color amarillo o café que destila de ciertos árboles y plantas.

sedimentos: Rocas, arena o tierra que han sido transportadas a un lugar por el agua, el viento o un glaciar.

sílice: Compuesto formado por dióxido y silicio que se presenta en diversas formas, como en el cuarzo, el ópalo y la arena.

Índice analítico

Apoyo escolar para cuidadores y profesores

Este libro ayuda a los niños a crecer permitiéndoles practicar la lectura. A continuación se presentan algunas preguntas orientativas para ayudar al lector a desarrollar su capacidad de comprensión. Las posibles respuestas que aparecen aquí están en color rojo.

Antes de leer

- **¿De qué creo que trata este libro?** Creo que este libro trata de fósiles y plantas antiguas. Creo que este libro trata de árboles que vivieron hace mucho tiempo.

- **¿Qué quiero aprender sobre este tema?** Quiero aprender más sobre los tipos de plantas que había en la Tierra cuando vivían los dinosaurios. Quiero aprender cómo los científicos encuentran los fósiles.

Durante la lectura

- **Me pregunto por qué...** Me pregunto por qué solo quedan algunos tipos de árboles que existían en la antigüedad. Me pregunto por qué han desaparecido tantos otros tipos de árboles antiguos.

- **¿Qué he aprendido hasta ahora?** He aprendido que cuando un pequeño insecto queda atrapado en una sustancia pegajosa llamada resina, se conserva para siempre. He aprendido que los científicos han encontrado fósiles formados por huellas de dinosaurios dejadas en el barro hace millones de años.

Después de leer

- **¿Qué detalles he aprendido sobre este tema?** He aprendido que los científicos pueden saber más sobre los dinosaurios estudiando el excremento fosilizado. He aprendido que los científicos pueden determinar si el dinosaurio era carnívoro o herbívoro estudiando los excrementos de los dinosaurios.

- **Vuelve a leer el libro y busca las palabras del glosario.** Veo la palabra *resina* en la página 13 y la palabra *sílice* en la página 19. Las demás palabras del glosario se encuentran en la página 23.

Library and Archives Canada Cataloguing in Publication

Available at the Library and Archives Canada

Library of Congress Cataloging-in-Publication Data

Available at the Library of Congress

Crabtree Publishing Company

www.crabtreebooks.com   1–800–387–7650

Print book version produced jointly with Blue Door Education in 2022

Written by: Kelli Hicks
Translation to Spanish: Santiago Ochoa
Spanish-language copyediting and proofreading: Base Tres
Print coordinator: Katherine Berti

Photo Credits: Cover © Valentyna Chukhlyebova, Pages 2-3 © Alizada Studios, Page 4 © Herschel Hoffmeyer, page 5 © DM7, pages 6-7 © Rafael Trafaniuc, inset photo of trilobites © Abrilla, page 8-9 illustration © BlueRingMedia, page 10 © Joaquin Corbalan P, page 11 large photo © Puwadol Jaturawutthichai, inset photo © Rattana, page 12-13 © RomanVX, back cover and page 14-15 large photo © Nuntiya, inset of Wollemi Pine © Dorothy Chiron, page 16-17 main image © Elenarts, Inset pic of Gingko © Anna L. e Marina Durante, page 18-19 © Juan Carlos Munoz, inset photo page 19 © Alex Coan, page 21 copralites © Alex Coan. All images from Shutterstock.com except pages 20-21 paleontologists © gorodenkoff | istockphoto

Published in the United States
Crabtree Publishing
347 Fifth Ave.
Suite 1402-145
New York, NY 10016

Published in Canada
Crabtree Publishing
616 Welland Ave.
St. Catharines, Ontario
L2M 5V6

Printed in the U.S.A./062022/CG20220124